Sandra und Sabine Arriens

Marienkäfer
Farbenfrohe Fensterbilder

ENGLISCH VERLAG

Die Deutsche Bibliothek – CIP-Einheitsaufnahme
Marienkäfer: farbenfrohe Fensterbilder / Sandra und Sabine Arriens. – Wiesbaden: Englisch, 1999
ISBN 3-8241-0909-3

© by Englisch Verlag GmbH, Wiesbaden 1999
ISBN 3-8241-0909-3

Titelbild: Frank Schuppelius; Fotos: Susanna Héraucourt-Multer
Herstellung: Michael Feuerer
Printed in Spain

Inhaltsverzeichnis

Vorwort

Marienkäfer sind die guten Freunde vieler Kinderzimmer. Als wir uns an das Basteln unserer Käfer gemacht haben, fielen uns immer mehr Motive und Geschichten ein, die auch Erwachsene begeistern können. Das hoffen wir jedenfalls sehr. Der Phantasie sind keine Grenzen gesetzt.

Sie werden sehen, wenn Sie erst einmal begonnen haben, werden Käfer in allen möglichen Lebenssituationen wie von selbst Ihre Bastelbögen bevölkern, sodass Sie gar nicht mehr aufhören können zu schneiden und zu kleben. Das Besondere an diesen Fensterbildern sind die verschiedenen Papierschichten, die übereinander geklebt werden. Die Fensterbilder werden in der Regel von zwei Seiten gearbeitet, sodass sie eine Vorder- und eine Rückenansicht besitzen. So bieten die Käfer in Ihren Fenstern sowohl von drinnen als auch von draußen einen fröhlichen Anblick.

Übrigens sind diese Käfer nicht nur für Fenster geeignet. Sie können genauso Glückwunschkarten oder Geschenkanhänger mit diesen Motiven verzieren.

Viele schöne Bastelstunden wünschen Ihnen
Sandra und Sabine Arriens

5

Material und Werkzeug

Zum Basteln der Fensterbilder benötigen Sie folgendes Material und Werkzeug:

✤ Transparentpapier oder Architektenpapier zum Durchpausen der Vorlagen
✤ Fotokarton in verschiedenen Farben
✤ feste Pappe
✤ harte und weiche Bleistifte
✤ Prägestift (Embossing)
✤ weicher Radiergummi
✤ weißer Buntstift und Buntstifte
✤ Klebstoff
✤ Cutter

✤ Kreisschneider
✤ Nagelschere
✤ kleines Stanzeisen, z. B. für Sternchen
✤ Schneideunterlage
✤ schwarze Markierungspunkte mit einem Durchmesser von 8, 12 und 18 mm
✤ wasserfester Filzstift (Fineliner) in Schwarz
✤ Nylonfaden zum Aufhängen
✤ Nähnadel
✤ durchsichtige feste Folie
✤ Lackfarbe Acryl, matt
✤ Lineal
✤ Zahnstocher

Grundanleitung

1. Lösen Sie den Vorlagebogen aus dem Buch, und legen Sie das Transparentpapier auf das ausgewählte Motiv. Zeichnen Sie zuerst das Motiv mit einem harten Bleistift nach, kleben Sie das abgepauste Motivteil auf feste Pappe, und schneiden Sie es entlang der Linie aus.

So erhalten Sie eine Schablone, die Sie immer wieder verwenden können. Sollten Sie Architektenpapier verwenden, können Sie dies auch direkt als Schablone ausschneiden, da es stärker als Transparentpapier ist.

2. Diese Schablonen legen Sie auf farbigen Fotokarton und ziehen dann mit einem Bleistift oder Prägestift die Umrisse des Motivs nach.

Wenn Sie einen Bleistift verwendet haben, müssen die Bleistiftstriche am Schluss ausradiert werden. Nun können die Motive mit dem Cutter ausgeschnitten werden, eventuell sollte man für kleine Schnitte eine Nagelschere verwenden.

3. Zuletzt werden die Motivteile den Abbildungen entsprechend zusammengeklebt.

Das Grundmuster des Käfers ist immer gleich: Das Gesicht wird aufgeklebt und die Konturen gezeichnet. Ist eine Rückenansicht vorgesehen, wird der Flügel auf den Körper geklebt, eine Trennungslinie eingezeichnet und die Punkte aufgesetzt oder mit einem Kreisschneider ausgeschnitten. Die Konturen der Gegenstände werden grundsätzlich mit einem schwarzen Filzstift aufgezeichnet.

Tipp: Wenn die Motive aufgehängt werden sollen, müssen sie zuerst ausbalanciert werden. Suchen Sie den Schwerpunkt des Bildes mit Hilfe einer kleinen Wäscheklammer, durch die ein Faden gezogen wird. Hängt das Fensterbilder ge-

rade, kann mit einer Nähnadel der eigentliche Faden durch die Fotokartonfigur gezogen werden. Bei großen Fensterbildern empfiehlt es sich, zwei Befestigungspunkte zu suchen.

Tipp: Klebeflecken auf dem Fotokarton lassen sich vermeiden, wenn man die zu verklebenden Teile zuerst anpasst und dann mit dem Prägestift leicht anzeichnet. So kann man erkennen, auf welcher Fläche der Klebstoff verstrichen werden kann, ohne dass er an den Seiten der aufzuklebenden Teile herausquillt.

1. Ein Winken zur Begrüßung

Material
- ✿ Fotokarton in Rot, Weiß, Schwarz und Hautfarben
- ✿ Kreisschneider

Anleitung
Schneiden Sie mit dem Kreisschneider die Punkte aus den Flügeln und kleben Flügel, Gesicht und Handschuh auf den Körper. Zeichnen Sie die Konturen nach der Grundanleitung.

2. Kleiner Maler

Material
* Fotokarton in Rot, Hautfarben, Weiß, Schwarz, Dunkelblau, Violett, Gelb, Hell- und Dunkelbraun
* 7 schwarze Markierungspunkte, 18 mm Ø
* weißer Buntstift

Anleitung

Nehmen Sie sich den Körper vor, und kleben Sie an der Rückseite das hintere Mützenteil, Handschuh und Flügel an. Kleben Sie dann für die Vorderseite Mütze, Gesicht, Fußmanschetten, die rechte Handinnenfläche und den Farbklecks auf. Setzen Sie den Pinsel sowie den Eimer zusammen. Geben Sie dem Käfer den Pinsel in die linke Hand, kleben den Daumen über den Pinsel und fixieren dann die Faust. Befestigen Sie die weiteren Farbkleckse und den Eimer. Orientieren Sie sich für die Konturen an der Grundanleitung.

3. Fahrradfahrer

Material

✤ Fotokarton in Weiß, Rot, Hautfarben, Schwarz, Grau und Violett
✤ 6 schwarze Markierungspunkte, 12 mm Ø
✤ schwarze Lackfarbe Acryl, matt

Anleitung

Fertigen Sie zuerst das Fahrrad, und fixieren Sie dann den Körper, sodass der Sattel richtig am Fahrrad montiert ist. Danach bringen Sie die Flügel an und kleben je drei Markierungspunkte auf Vorder- und Rückseite. Fixieren Sie den rechten und linken Arm mit Handschuh, und achten Sie darauf, dass beide Hände den Lenker berühren. Bringen Sie das Kettenblatt an der Rückseite an und kleben dann das rechte Bein mit schräg nach unten gerichtetem Pedal darüber. Anschließend werden die Manschetten oberhalb der Füße aufgeklebt. Zum Schluss werden die Räder am Rand mit schwarzer Farbe bemalt und die Konturen gearbeitet.

4. Lesekäfer

Material

❖ Fotokarton in Rot, Weiß, Schwarz, Hautfarben, Beige Weinrot und Dunkelblau
❖ ein schwarzer Markierungspunkt, 18 mm Ø

Anleitung

Kleben Sie den Flügel auf die Sesselrückwand. Fixieren Sie nun die Seitenteile des Sessels sowie die rechte Armlehne. Vervollständigen Sie den Käfer: Versehen Sie ihn mit Gesicht, Buch (befestigen Sie vorab die Seiten am Buchrücken), Händen und Füßen. Kleben Sie nun die linke Armlehne auf. Halbieren Sie den Markierungspunkt und bringen die Hälften auf. Malen Sie das Gesicht und die Konturen des Buches.

5. Elefanten-Dompteur

Material

🍀 Fotokarton in Dunkelblau, Weiß,
  Schwarz, Rot und Hautfarben
🍀 3 schwarze Markierungspunkte,
  8 mm Ø
🍀 weiße Lackfarbe Acryl, matt

Anleitung

Kleben Sie die Zehen und den Stoßzahn auf den Elefanten. Fixieren Sie den Körper des Käfers an die Kante des Rüssels und befes-tigen Flügel, linken Arm und Bein. Kleben Sie den rechten Arm von hinten gegen, und fixieren Sie das Gesicht. Tragen Sie weiße Farbe für die Handschuhe auf und zeichnen die Konturen. Befestigen Sie die Markie-rungspunkte.

Tipp: Wenn Sie den Flügel des Marienkäfers, Stoßzahn und Zehen des Elefanten doppelt fertigen, wirkt Ihr Bild von beiden Seiten.

6. Zauberer

Material

✤ Fotokarton in Rot, Weiß, Schwarz,
   Hautfarben, Blau und Gelb
✤ 5 schwarze Markierungspunkte,
   12 mm Ø
✤ Buntstifte in Oliv und Violett
✤ Zahnstocher
✤ Stanzeisen für Sternchen

Anleitung

Kleben Sie Mantel und Gesicht auf
den Körper. Fixieren Sie anschließend
die Zauberkugel, wobei Sie den
Zahnstocher mit Stern unter die
Hand schieben und festkleben.
Setzen Sie die Sternchen auf den
Hut und bringen ihn und die
Manschetten auf dem Körper an. Malen Sie
die Konturen und mit Buntstift die Schatten
auf der Zauberkugel.

Tipp: Sie können den
Zauberer auch rückwär-
tig gestalten, indem Sie
Mantel (bis zum Boden
gehend), Hut und gel-
ben Stern zweimal
ausschneiden und
von hinten gegen-
kleben. Kleben Sie
Markierungspunkte
auf den Mantel und
Sterne auf den Hut.

13

7. König der Käfer

Material

- Fotokarton in Weiß, Rot, Hautfarben,
  Schwarz, Gelb, Weinrot, Hell- und
  Dunkelbraun
- 2 schwarze Markierungspunkte,
  18 mm Ø

Anleitung

Kleben Sie den Pelzbesatz auf den Mantel.
Dann arbeiten Sie den Käfer: Kleben Sie
den Flügel hinter den Körper.
Die Krone wird von hinten
am Kopf fixiert, und alle

weiteren Einzelteile wie Gesicht und Füße
werden von vorne aufgeklebt. Nun schieben
Sie dem König den zusammengeklebten
Pilz unter den Daumen des rechten Hand-
schuhs, befestigen ihn und kleben Manschette sowie Faust darüber. Arbeiten Sie
die Konturen laut Grundanleitung.

Tipp: Wenn Sie den kleinen König beidsei-
tig arbeiten möchten, sollten Sie den rechten
Handschuh ohne Daumenschnitt und den
Pilzhut mit Punkten noch einmal fertigen und von hinten
aufkleben.

8. Weltenbummler

Material

❖ Fotokarton in Rot, Weiß, Schwarz, Blau, Grün, Hell- und Dunkelbraun
❖ 3 schwarze Markierungspunkte, 18 mm Ø
❖ weißen und schwarzen Buntstift

Anleitung

Kleben Sie auf den Koffer die Kofferecken und die Reiseandenken, die Sie nach eigenen Vorstellungen gestalten können. Fertigen Sie dann den Käfer:
Kleben Sie Flügel, Gesicht, Schweißtropfen, Arm mit Handschuh und Manschette sowie Fußmanschetten auf.
Fixieren Sie dann den Käfer mit Fühler und Hand am Koffer, und zeichnen Sie das Gesicht.

Tipp: Dieses Bild eignet sich gut dafür, zweiseitig gearbeitet zu werden.

9. Apfelerstürmer

Anleitung

Platzieren Sie den Körper des Käfers auf dem Apfel. Schneiden Sie mit dem Kreisschneider die Punkte aus dem Flügel und fixieren Flügel, Handschuhe mit Manschette sowie Fußmanschetten. Bringen Sie das Gesicht auf, malen Sie mit Acrylfarbe den Apfelstiel und die roten Schraffuren.

Tipp: Sie können den Käfer ein zweites Mal arbeiten und gegengleich auf die Rückseite kleben.

10. Apfelliebhaber

Material

✤ Fotokarton in Rot, Weiß, Schwarz, Hautfarben, Beige, Hellgrün und Braun
✤ ein schwarzer Markierungspunkt, 12 mm Ø
✤ braune Lackfarbe Acryl, matt
✤ roter Buntstift

Anleitung

Fügen Sie zunächst das Apfelgehäuse zusammen, kleben Sie dann den Käfer. Fixieren Sie Flügel, Gesicht, Bauch, Füße, Arme und Hände am Körper. Halbieren Sie den Markierungspunkt und bringen die Hälften wie auf der Abbildung auf. Kleben Sie Käfer und Apfelkerne auf das Gehäuse. Zeichnen Sie Gesicht, Hände, Stiel und die Konturen des Apfels.

11. Pilzhocker

Material

✤ Fotokarton in Weiß, Schwarz, Rot, Violett, Beige, Hellgrün

✤ 4 schwarze Markierungspunkte, 12 mm Ø

Anleitung

Kleben Sie das Gras auf den Stiel. Setzen Sie den Hut obenauf und kleben die Lamellen von hinten gegen. Kleben Sie den Flügel auf den Körper des Käfers, und fixieren Sie die Markierungspunkte. Dann bringen Sie den Käfer auf dem Pilz an. Zuletzt zeichnen Sie die Konturen.

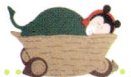

12. Kürbiskrabbler

Material

- Fotokarton in Orange, Rot, Schwarz, Hautfarben, Hell- und Dunkelgrün
- schwarze Lackfarbe Acryl, matt
- weißer Buntstift

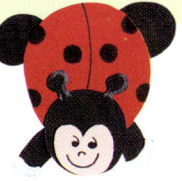

Anleitung

Kleben Sie die Kürbisse passgenau auf die Grundfläche. Zeichnen Sie die Konturen der Kürbisse, bevor Sie weiterarbeiten. Für die Verteilung der Käfer orientieren Sie sich an der Abbildung. Passen Sie die Käfer immer erst an, bevor Sie kleben, damit die Käfer richtig zwischen die Blätter fixiert werden können. Kleben Sie die Gesichter auf und gehen laut Grundanleitung vor. Mit dem Buntstift schraffieren Sie den Kürbisstiel.

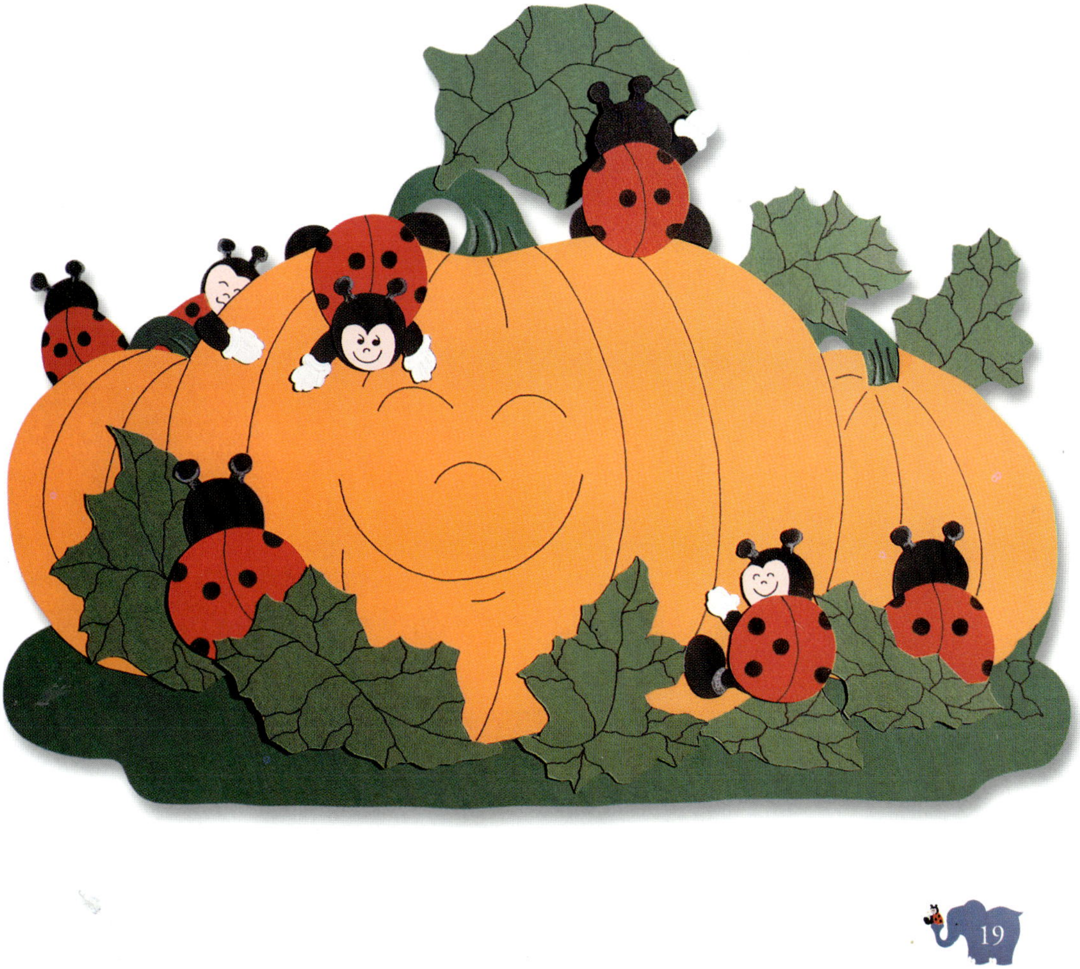

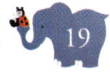

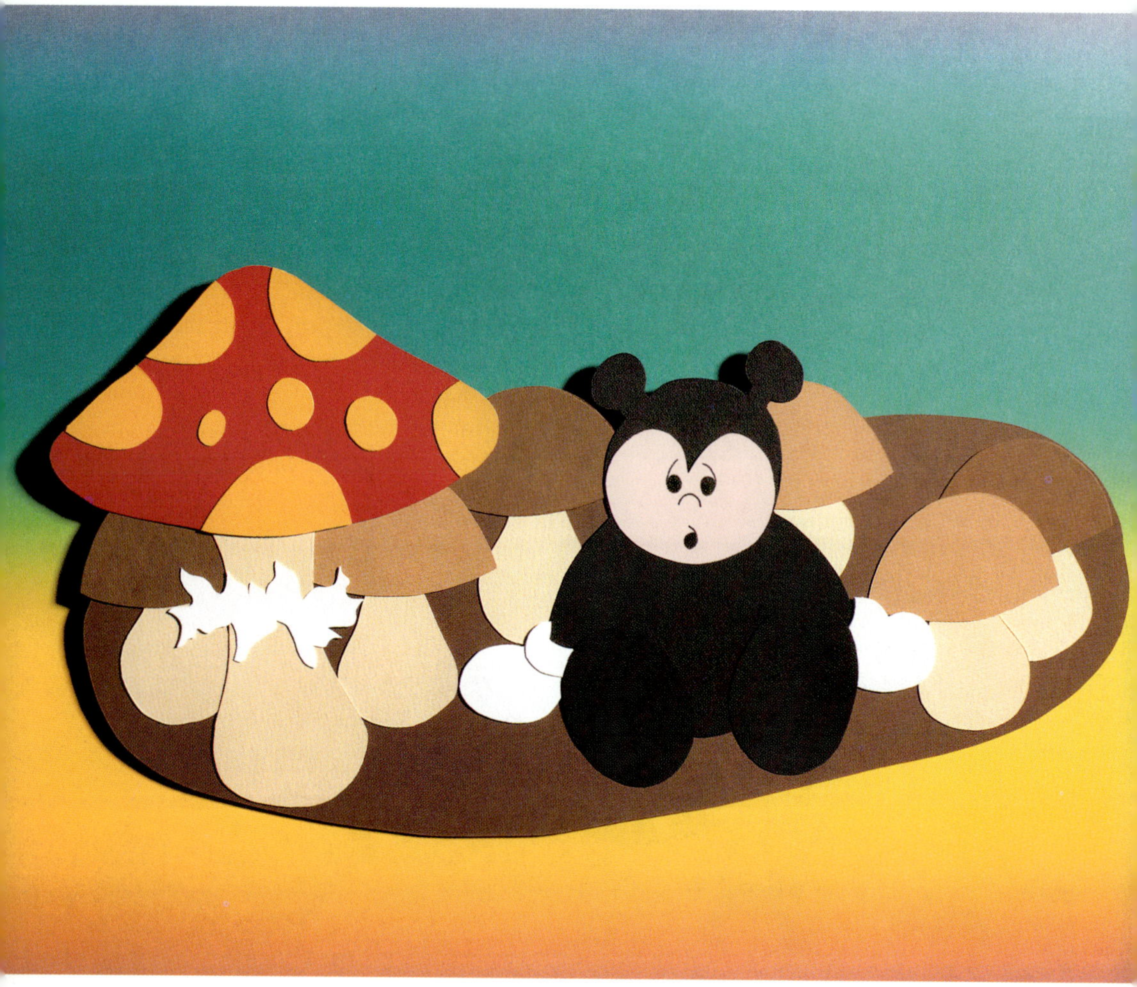

13. Pilzsammler

Material

- Fotokarton in Weiß, Schwarz, Hautfarben, Weinrot, Orange, Beige, Hell- und Dunkelbraun

Anleitung

Fügen Sie die Pilze zusammen, und kleben Sie sie dann auf den Waldboden. Fixieren Sie für den Käfer Gesicht, Handschuhe und Manschetten, kleben Sie dann erst die Füße an. Nun wird der Käfer in den Wald gesetzt und bekommt ein Gesicht aufgemalt.

Tipp: Wenn Sie Pilze und Käfer noch einmal arbeiten, können Sie das Fensterbild gegengleich herstellen.

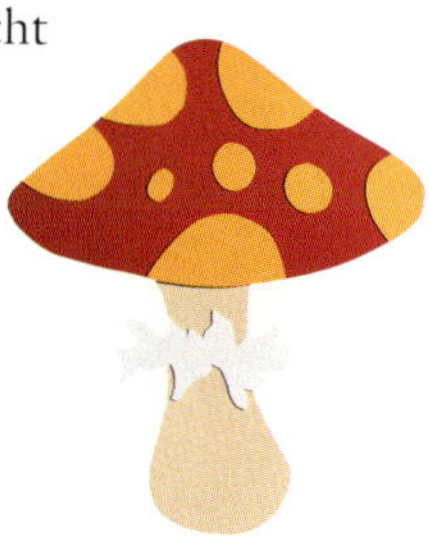

14. Ameisenfreund

Material

✤ Fotokarton in Weiß, Rot, Schwarz, Hautfarben, Weinrot und Hellgrün
✤ 6 schwarze Markierungspunkte, 18 mm ∅
✤ weißer Buntstift

Anleitung

Fertigen Sie zuerst die Figuren. Für den Käfer kleben Sie den rechten Schuh auf das Fußteil, das mit dem Körper verbunden ist. Diese doppelte Klebeweise lässt das Fensterbild plastischer erscheinen. Fixieren Sie Gesicht, Flügel und Arme, und bringen Sie dann Hand-schuhe sowie Manschetten für Hände und Füße an. Schneiden Sie den Kopf der Ameise aus und schneiden vorsichtig einen Bogen von der Nase bis zur Mundfalte (s. Vorlage). Wem dies zu schwierig erscheint, kann den Bogen auch mit einem weißen Buntstift einzeichnen. Schneiden Sie die Augen aus weißem Fotokarton aus und kleben sie auf. Nun fügen Sie die Ameise wie den Käfer zusammen. Beim Pilz werden einige schmale Schnitte eingeritzt, um Lamellen anzudeuten (s. Vorlage).

Dann ordnen Sie die Figuren und Grasbüschel laut Abbildung an und gestalten die Flügel des Käfers nach der Grundanleitung.

15. Kleiner Florist

Material

✤ Fotokarton in Rot, Weiß, Schwarz, Hautfarben, Grün, Gelb und Orange
✤ Kreisschneider

Anleitung

Befestigen Sie den Flügel hinter dem Körper. Kleben Sie dann das Gesicht, den Blütenstängel, die Füße und die Arme mit Handschuhen auf. Setzen Sie den Käfer auf die Grasfläche, und fixieren Sie an der oberen Stängelspitze die Blüte mit Blütenpunkt. Schneiden Sie mit dem Kreisschneider für die Flügel Punkte aus und platzieren sie. Zeichnen Sie zum Schluss die Konturen.

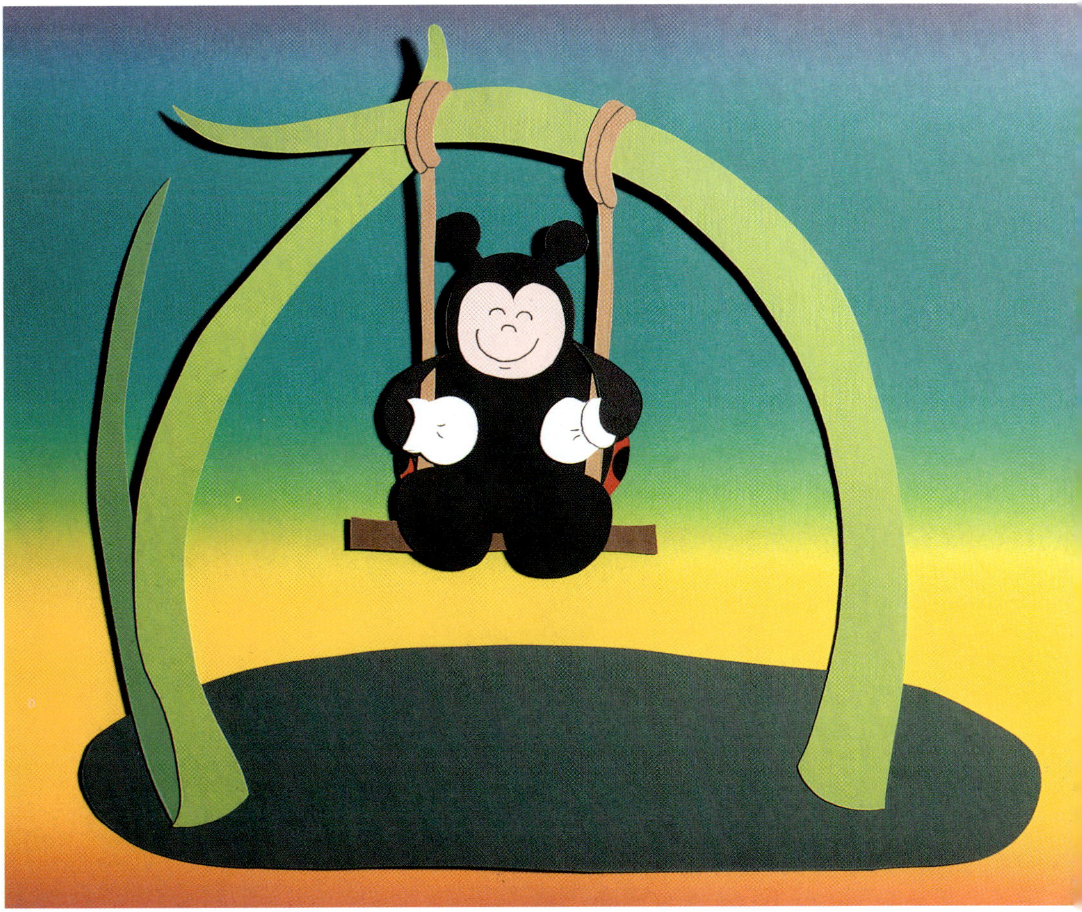

16. Schaukler

Anleitung

Beginnen Sie mit dem Körper des Käfers: Kleben Sie Flügel und Gesicht auf. Fixieren Sie das Schaukelbrett von hinten, und bringen Sie die Stege der Schaukel passgenau zuerst am Körper, dann am Grashalm an. Kleben Sie von vorn Arme mit Handschuhen, Füße und Gesicht auf.

Dann werden die Grashalme mit dem Käfer auf die Grasplatte geklebt. Zeichnen Sie die Konturen und halten sich beim Flügel an die Grundanleitung.

Tipp: Wenn Sie auch die Rückseite gestalten wollen, arbeiten Sie die Befestigungsschlaufen der Schaukel ein zweites Mal von hinten.

17. Ballonflieger

Material
✤ Fotokarton in Rot, Weiß, Schwarz, Hautfarben, Gelb, Violett, Türkis, Hell- und Dunkelblau
✤ 5 schwarze Markierungspunkte, 12 mm Ø
✤ schwarzer Nylonfaden

Anleitung

Schneiden Sie 15 Luftballons aus, und orientieren Sie sich für die Farbgebung an der Abbildung. Statten Sie jeden Ballon mit einem Faden aus und kleben die Ballons zusammen. Führen Sie die Fäden zueinander, und kleben Sie sie knapp auf die Rückseite der Handschuhe. Befestigen Sie am Körper zuerst die Handschuhe, dann den Kopf und die Füße. Kleben Sie das Gesicht auf, und fixieren Sie von hinten die Flügel. Vervollständigen Sie den Käfer laut Grundanleitung.

18. Messlatte mit Käfern

Anleitung

Die Grundfläche der Messlatte verlängern Sie von oben nach unten auf 68,5 cm. Am unteren Rand kleben Sie den Rasen so auf, dass eine Gesamtlänge von 69,5 cm entsteht.

Dann platzieren Sie von unten die Zahlen in 10 cm Abständen auf die Messlatte. Bringen Sie den Himmel an und darauf Mond und Sterne, die Sie zuvor ausgestanzt haben.

Platzieren Sie Pilz und Käfer auf dem Rasen. Bei der Zahl 90 wird der Ballonkäfer aufgeklebt. Der oberste Käfer bekommt den Stern in die Hand und wird dann auf der Messlatte befestigt.

Zum Schluss wird das Gesicht des Ballonkäfers und der Ballonfaden gezeichnet.

Bemalen Sie die Handschuhe mit weißer Farbe und tragen mit Schwarz die Punkte auf den Käfern auf.

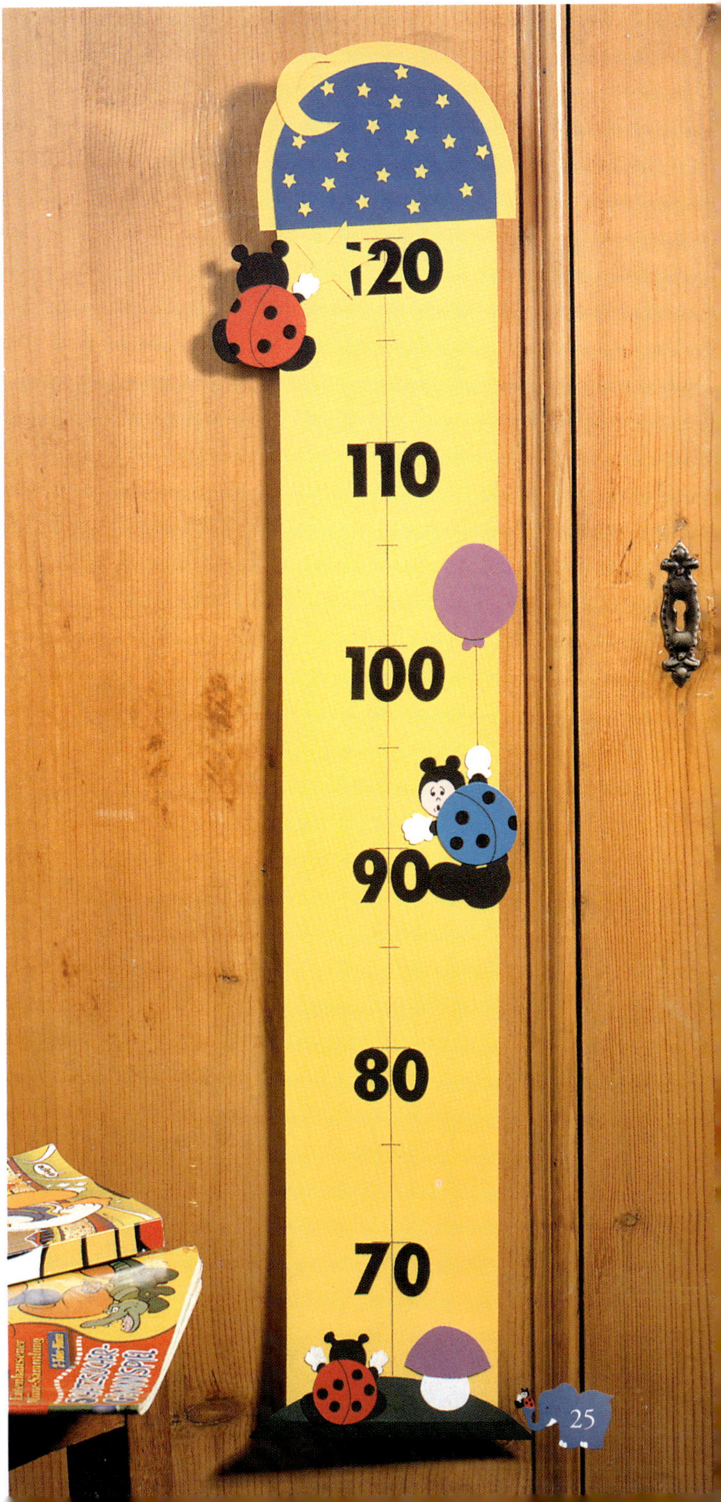

19. Mein kleiner Freund, der Bär

Material
✤ Fotokarton in Rot, Weiß, Schwarz, Hautfarben und Braun
✤ Kreisschneider

Anleitung

Kleben Sie auf den Körper die vorderen Flügelteile (beim linken sollten die Punkte bereits mit dem Kreisschneider ausgeschnitten sein) und das Gesicht. Dann fertigen Sie die Partie mit dem Bären: Kleben Sie das Käferbein auf, fixieren Sie den Bären so, dass Fuß und rechter Arm mit Hand und Manschette aufgeklebt werden können. Dann befestigen Sie den linken Fuß, Arm, Hand und Manschette. Nachdem Sie die Punkte für den rückwärtigen Flügel ausgeschnitten haben, kleben Sie auch dieses Teil von hinten auf den Körper. Zeichnen Sie die Konturen.

20. Mondfahrer

Material
- Fotokarton in Gelb, Rot, Schwarz; bunte Reste in Violett, Dunkelblau, Türkis, Orange und Zitronengelb
- 7 schwarze Markierungspunkte, 8 mm Ø
- schwarze Lackfarbe Acryl, matt
- gelbes Satinband

Anleitung

Schneiden Sie Mond und Käfer aus und kleben den Körper von hinten an den Mond. Fixieren Sie den Flügel. Nun fertigen Sie die Schlafmütze: Fixieren Sie das Satinband zwischen die beiden Sternflächen und platzieren das andere Ende an die Spitze des Mondes. Reihen Sie die farbigen Fotokartonstücke nacheinander auf die Mondsichel, und setzen Sie auf die Übergänge schmale Streifen in Schwarz. Zeichnen Sie dem Mond ein Gesicht, und markieren Sie die Trennungslinie des Flügels.

Tipp: Soll das Bild von beiden Seiten gleichermaßen wirken, sollten Sie Flügel, Schlafmütze und Stern noch einmal ausschneiden und von hinten gegenkleben.

21. Nachtschwärmer

Anleitung

Schneiden Sie mit einem Kreisschneider die Punkte aus den Flügeln und kleben den kleineren Flügel vorn, den großen hinten an den Körper. Bringen Sie die Hausschuhe vorder- und rückseitig an, setzen Sie das Gesicht auf, und fixieren Sie die Schlafmütze so hinten an den Kopf, dass der Zipfel auf der Schulter hängt. Fügen Sie den rechten Arm mit Handschuh und Manschette zusammen, und kleben Sie die Kerze, wobei die Folienscheibe zwischen oberem und unterem Wachsteil fixiert wird. Kleben Sie Kerzenflamme und beide Teile des Kerzenhalters auf. Fixieren Sie jetzt die Kerze auf der rechten Hand des Käfers und kleben dann den linken Arm mit Hand und Manschette auf. Zeichnen Sie Konturen und kleben aus Nylongarn die Barthaare auf die Pantoffeln.

22. Schläfer im Walnussbettchen

Material
❖ Fotokarton in Rot, Weiß, Schwarz, Hautfarben, Grün, Hell- und Dunkelbraun
❖ braunen Buntstift

Anleitung

Vervollständigen Sie den Kopf mit Gesicht und Mütze und kleben ihn hinter die Walnussschale.

Bringen Sie das Blatt auf der vorderen Kante der Walnussschale an, legen Sie dabei den Zipfel der Schlafmütze auf das Blatt und kleben ihn fest. Kleben Sie die Hand auf Gesicht und Blatt, und fertigen Sie die Räder gemäß der Abbildung.

Fügen Sie die Haselnuss von hinten an, und zeichnen Sie die Konturen. Die Schraffuren der Nüsse können Sie mit einem braunen Buntstift leicht versetzt nachmalen, um sie wirkungsvoller zu gestalten.

23. Liebespärchen

Material
✤ Fotokarton in Rot und Schwarz
✤ Kreisschneider

Anleitung

Zuerst schneiden Sie mit dem Kreisschneider die Punkte aus den Flügeln.
Kleben Sie die Flügel auf den Körper,
zeichnen die Trennungslinien ein
und befestigen Käfer und Herz am
Aufhängefaden.

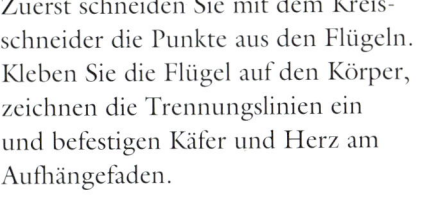

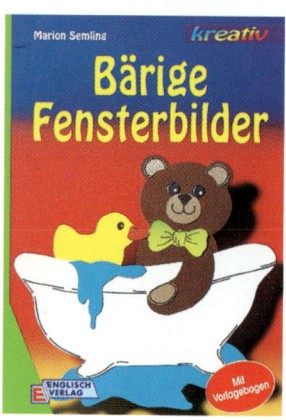